BEI GRIN MACHT SICH IH
WISSEN BEZAHLT

- Wir veröffentlichen Ihre Hausarbeit,
  Bachelor- und Masterarbeit

- Ihr eigenes eBook und Buch -
  weltweit in allen wichtigen Shops

- Verdienen Sie an jedem Verkauf

Jetzt bei www.GRIN.com hochladen
und kostenlos publizieren

Bibliografische Information der Deutschen Nationalbibliothek:

Die Deutsche Bibliothek verzeichnet diese Publikation in der Deutschen National-
bibliografie; detaillierte bibliografische Daten sind im Internet über http://dnb.d-
nb.de/ abrufbar.

Impressum:

Copyright © 2017 GRIN Verlag, Open Publishing GmbH
Druck und Bindung: Books on Demand GmbH, Norderstedt Germany
ISBN: 9783668534070

Dieses Buch bei GRIN:

http://www.grin.com/de/e-book/373991/evaluierung-eines-graphenorientierten-
datenmodells-zum-einsatz-in-crm-systemen

Simon Grimm

Evaluierung eines graphenorientierten Datenmodells zum Einsatz in CRM-Systemen der onkologischen Pharmazie

GRIN Verlag

GRIN - Your knowledge has value

Der GRIN Verlag publiziert seit 1998 wissenschaftliche Arbeiten von Studenten, Hochschullehrern und anderen Akademikern als eBook und gedrucktes Buch. Die Verlagswebsite www.grin.com ist die ideale Plattform zur Veröffentlichung von Hausarbeiten, Abschlussarbeiten, wissenschaftlichen Aufsätzen, Dissertationen und Fachbüchern.

Besuchen Sie uns im Internet:

http://www.grin.com/

http://www.facebook.com/grincom

http://www.twitter.com/grin_com

Evaluierung eines graphenorientierten Datenmodells zum Einsatz in CRM-Systemen der onkologischen Pharmazie

ASSIGNMENT

zum Abschluss des Moduls CRM40
IT-gestütztes Kundenmanagement

an der AKAD Hochschule Stuttgart

von

Simon Grimm

07.05.2017

Bearbeitungszeitraum: 4 Wochen

Studiengang: M.Sc. – IT-Management

Inhaltsverzeichnis

Abbildungsverzeichnis

Abkürzungsverzeichnis

BASE	Basically Available, Soft-State and Eventual Consistency
CAP	Consistency, Availability and Partition Tolerance
CMS	Content Management System
CRM	Customer Relationship Management
DBMS	Database Management System
DBS	Database System
ERM	Entity Relationship Model
ORM	Objekt-Relationaler Mapper
RDBMS	Relational Database Management System
SQL	Structured Query Language

1 Einleitung

1.1 Problemstellung und Motivation

In der heutigen Zeit ist die Gewinnung von neuen Kunden, das Halten von Bestandskunden und die Rückgewinnung von früheren Kunden das Kerngeschäft und somit Basis eines jeden Unternehmens.[1] Schnittstellen, die ein Unternehmen zu seinen Kunden betreibt bedürfen dementsprechend eines strategischen Ansatzes für das Management der Kundenbeziehungen. Insbesondere in Marketing und Vertrieb eines Unternehmens hat sich hierfür in den letzten Jahren der *Customer Relationship Management* (kurz: CRM) genannte strategische Unternehmensansatz durchgesetzt. CRM wird hierbei als integrierter Prozess verstanden, der zur vollumfänglichen Planung und Kontrolle der Vor- und Nachverkaufs-Aktivitäten genutzt wird.[2] Insbesondere durch die rasanten Entwicklungen der Informationstechnologie speziell auf dem Gebiet der Datenbanktechnologie und Infrastruktur ist der heutige CRM-Ansatz nur durch die vollintegrierte Nutzung eines CRM-Systems denkbar.[3]

In den meisten Unternehmen basiert die Kundenbeziehung überwiegend auf Marketing und Vertrieb, die die Kunden auf einem weit gefächerten Markt für das unternehmenseigene Produkt einnehmen sollen. Gänzlich anders stellt sich die Situation in der pharmakologischen Industrie, insbesondere der onkologischen Pharmazie dar. Auf diesem Gebiet basiert die Kaufentscheidung in der Regel auf länder-, versicherungs-, und gebietsspezifischen Regularien sowie auf persönlichen Präferenzen behandelnder Ärzte. Die Kundenbeziehungen für einen Konzern der Pharmaindustrie sind in der Regel nur indirekt über Einrichtungen und Ärzte sowie Fachvertreter gegeben, was Nachteile sowohl für den Konzern, aber auch für die Patienten mit sich bringt. Die Natur von Krebserkrankungen sorgt für eine schier unbegreifliche Anzahl an Variablen, die bei der Behandlung berücksichtigt werden müssen, unter anderem die Art des Krebses, das Fortschreiten der Krankheit, Lebensumstände und auch Mutationen im Erbgut des behandelten Patienten, um nur einige Faktoren zu nennen.[4] Ein behandelnder Arzt kann in den seltensten Fällen die bestmögliche Therapie veranlassen, da die Berücksichtigung aller zugelassener Medikamente und Therapiemöglichkeiten mit den oben genannten Faktoren schier unmöglich ist.

---

[1] Peelen 2005
[2] Buttle und Maklan 2015
[3] Peelen 2005
[4] Eifrem 2015

Eine sinnvolle Kundenbeziehung auf diesem Gebiet ist nur unter Nutzung der neuesten Entwicklungen in der Informationstechnologie möglich, die Ärzten – also den indirekten Kunden – eine Plattform bietet, die diese Entscheidungen auf Basis vorhandener Kunden- und Patientendaten treffen und begründen kann und Therapieansätze des eigenen Unternehmens präsentiert.

1.2 Zielsetzung

Im Rahmen der vorliegenden Ausarbeitung wird ein exemplarisches Unternehmen, die *GraPHarm AG*, einen Prototypen für das Customer Relationship Management in der onkologisch-pharmazeutischen Industrie auf Basis eines graphenorientierten Datenmodells des zugrundeliegenden Datenbanksystems evaluieren. Ziel ist die Bewertung eines graphenorientierten CRM-Systems für pharmazeutische Unternehmen zur Verbesserung der Therapie- und Erkennungsmöglichkeiten für behandelnde Ärzte und Patienten. Das Ergebnis der Ausarbeitung soll einen Ausblick über die Möglichkeiten geben, moderne Datenbanktechnologien zur Lösung geschäfts- und gesundheitskritischer Problemstellungen einzusetzen und somit weit über den technologischen Fortschritt hinaus zu agieren.

1.3 Aufbau der Arbeit

Zum grundlegenden Verständnis der in der Ausarbeitung behandelten Technologien und Ansätze wird in Kapitel 2 eine ausführliche Einführung in die Datenbanktheorie gegeben. Hierbei wird zunächst das Referenzmodell moderner Datenbanken vorgestellt, gefolgt von den klassisch relationalen Datenmodellen sowie der relationalen Algebra nach Codd. Anschließend wird die so genannte *NoSQL*-Bewegung vorgestellt um schlussendlich zu den graphenorientierten Datenmodellen zu gelangen. Weiterhin werden in Kapitel 2 Grundlagen des CRM sowie von CRM-Systemen erläutert. In Kapitel 3 folgt die Evaluierung des graphenorientierten Modells für das exemplarische Unternehmen. Den Abschluss der Arbeit bildet Kapitel 4, in welchem die Ergebnisse ausgewertet und kritisch betrachtet werden.

2 Theoretische Grundlagen und Definitionen

2.1 Datenbanksysteme

Datenbanksysteme werden zur organisierten Sammlung von Informationen beziehungsweise Daten eingesetzt. Die wesentliche Aufgabe eines Datenbanksystems ist das persistente, konsistente und effiziente Speichern von großen Datenmengen einer oder mehrerer Appli-kationen.[5] Auch die schnelle Bereitstellung der Informationen in einem einheitlichen For-mat ist ein grundsätzlicher Bestandteil. Diese Anforderungen werden unter dem *ACID*-Paradigma zusammengefasst, was für *Atomicity, Consistency, Isolation* und *Durability* steht. Klassische, also relationale Datenbanksysteme, setzen dieses Paradigma mithilfe von atomaren Transaktionen um.[6] Diese Transaktionen sind so gestaltet, dass selbst im Fehler-falle die Datenbank zu jeder Zeit konsistent bleibt.

2.1.1 Datenbank-Referenzmodell

Jedes Datenbanksystem besteht aus zwei grundlegenden Komponenten, die in sich ge-schlossen arbeiten und miteinander kommunizieren: Datenbank und Datenbankmanage-mentsystem.[7] Die logische Abbildung der Daten wird von der Datenbank angelegt und ver-waltet. Diese ist für die persistente Speicherung der Daten zuständig. Die technische Abbil-dung der Daten auf dem Dateisystem erfolgt je nach Datenbanksystem unterschiedlich und ist nicht genormt, kann also zwischen Herstellern unterschiedlich sein. Der Zugriff auf die Daten erfolgt über das Datenbankmanagementsystem (kurz: DBMS), welches eine Kom-munikationsschnittstelle zur Datenbank, aber auch für Anwendungen zur Verfügung stellt.[8]

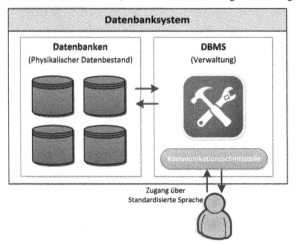

Abbildung 1: Grundlegender Aufbau eines DBS
Quelle: Eigene Darstellung

---

[5] Härder und Rahm 1999
[6] Haerder und Reuter 1983
[7] Witte 2007
[8] Gabriel und Röhrs 1995

Dieses DBMS ist für die Einhaltung des bereits angesprochenen *ACID*-Paradigmas zuständig, sorgt also für die Konsistenz und Persistenz der Datenbank. Auch regelt es parallele Zugriffe auf Ressourcen der Datenbank. Die zurzeit aufkommenden nicht-relationalen Systeme orientieren sich überwiegend an der klassischen DBS-Architektur. (Vgl. Abbildung 1: Grundlegender Aufbau eines DBS). Die Kommunikation zwischen einem Nutzer oder einer Anwendung und dem klassischen relationalen Datenbanksystem erfolgt über eine standardisierte Sprache, die den Zugriff auf Daten unabhängig von der internen Daten-Architektur und damit vom Hersteller erlaubt.[9] Die im relationalen Bereich als Standard klassifizierte und von allen Datenbanksystemen angebotene Sprache ist die *Structured Query Language* (kurz: SQL).[10] Nicht-relationale Datenbanksysteme verfügen über keine einheitliche Zugriffssprache (S. Kapitel **Fehler! Verweisquelle konnte nicht gefunden werden.: Fehler! Verweisquelle konnte nicht gefunden werden.**). Viele dieser Systeme passen sich den heutigen Programmiergegebenheiten an und stellen für viele Sprachen passende Treiber zur Verfügung, mit denen beispielsweise objekt- oder dokumentenorientiert auf die Datenbank zugegriffen wird und der Zugriff in die Sprachstruktur eingegliedert wird.[11]

2.1.2 Relationale Datenbanksysteme

Relationale Datenbanksysteme sind – trotz der steigenden Konkurrenz durch nicht-relationale Systeme – nach wie vor die verbreitetste Technologie.[12] Marktführer in diesem Bereich ist die Oracle Corporation mit einem Marktanteil von zuletzt 48,8%.[13]

Relationenalgebra

Relationale Datenbanksysteme bauen auf der in den 1970er Jahren von Edgar F. Codd entworfenen Relationenalgebra auf. Dieses mathematische Modell erlaubt es, Relationen miteinander zu verknüpfen, sie zu reduzieren oder komplexe Vereinigungs-Operationen durchzuführen, mit denen sich verteilte

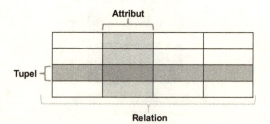

Abbildung 2: Aufbau einer Relation in der Relationenalgebra
Quelle: Eigene Darstellung

---

[9] Whang et al. 1982
[10] IEC 9075-11
[11] Faeskorn-Woyke 2012
[12] DB-Engines.com 2017
[13] IT Knowledge Exchange o.J.

Informationen ableiten lassen.[14] Eine Relation in diesem Modell besteht aus Attributen und Tupel. Diese werden in der Datenbanktheorie als Tabellen dargestellt und können mit jeweils anderen Relationen Verknüpfungen besitzen (Vgl. Abbildung 2: Aufbau einer Relation in der Relationenalgebra). Es werden feste Operationen definiert, die sich auf eine Menge von Relationen anwenden lassen. Drei der wichtigsten Operationen sind:

Selektion: $\sigma_\varphi (R)$

Bei der Selektion werden Tupel aus einer Relation selektiert, also nach bestimmten angegebenen Kriterien gefiltert. Wird beispielsweise eine Relation, die aus Personen und deren Wohnort besteht betrachtet, so wäre eine mögliche Selektion die Filterung nach bestimmten Wohnorten. In SQL wird diese Operation durch den *WHERE*-Operator abgebildet[15], beispielsweise:

    SELECT * FROM Personen WHERE Wohnort = 'Stadt';

Projektion: $\Pi\ (A_{i_1}, ..., A_{i_k})\ (R)$

Bei der Projektion werden keine Tupel selektiert, sondern einzelne Attribute gewählt. Auch die Ergebnis-Relation kann selektiert werden. Wie Abbildung 3 zeigt, werden aus einer Relation bestimmte Attribute ausgewählt und in einer resultierenden Relation, auch *View* genannt, projiziert. In SQL wird diese Operation über den *SELECT*-Operator realisiert[16]:

    SELECT Vorname, Geburtsdatum FROM Personen;

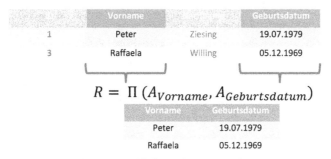

$$R = \Pi\ (A_{Vorname},\ A_{Geburtsdatum})$$

Vorname	Geburtsdatum
Peter	19.07.1979
Raffaela	05.12.1969

Abbildung 3: Beispielhafte Projektion auf eine Relation
Quelle: Eigene Darstellung

---

[14] Codd 1970
[15] Kelz 1996
[16] Kelz 1996

Verbund: $R \bowtie S$

Bei einem Verbund werden zwei Relationen durch einen *Join* verbunden. Hierbei werden Tupel zweier Relationen bei gleichen Werten der Attribute verbunden.[17] So lassen sich Beziehungen zwischen Relationen als View auslesen und über Attribute verknüpfen, wie in Abbildung 4 zu sehen. Der im Beispiel genutzte *Inner Join* wäre folgendermaßen aufgebaut:

```
SELECT * FROM Mitarbeiter
INNER JOIN Zeitkonto ON Mitarbeiter.UID = Zeitkonto.UID;
```

$R_1: Mitarbeiter$

UID	Vorname	Geburtstag
1	Peter	19.07.1979
2	Tobias	23.02.1992
3	Raffaela	05.12.1969

$R_2: Zeitkonto$

UID	Ampelkonto
1	-14.3
2	23.9
3	3.8

$$R_{Join} = R_1 \underset{R_1.UID = R_2.UID}{\bowtie} R_2$$

UID	Vorname	Geburtstag	Ampelkonto
1	Peter	19.07.1979	-14.3
2	Tobias	23.02.1992	23.9
3	Raffaela	05.12.1969	3.8

Abbildung 4: Beispielhafter *Inner Join* über einen Identifier
Quelle: Eigene Darstellung

Relationale Datenbanksysteme

Seit der Entwicklung des ersten relationalen Datenbanksystems IBM IS/1 im Jahre 1972[18] hat sich die Funktionsweise kaum geändert. Ganz nach dem Relationenmodell werden diese in Form von Tabellen abgebildet. Die Tupel, auch Datensatz genannt, müssen anhand eines Schlüssels eindeutig identifizierbar sein. Verknüpfungen zwischen Relationen erfolgen über so genannte Primär- und Fremdschlüssel. Diese Schlüssel dürfen sich niemals ändern und müssen auf den Datensatz selbst, nicht dessen Position in der Relation verweisen. Über die verschiedenen Schlüssel können Relationen nun verknüpft bzw. verbunden werden, siehe Kapitel 2.1.2: Relationenalgebra. Das relationale Datenschemata lässt sich anhand des *Entity-Relationship-Modells* (kurz: ERM) modellieren, das die Verknüpfungen visuell darstellt und somit eine Verwaltung für relationale Daten bietet.[19]

---

[17] Kelz 1996
[18] Notley 1972
[19] Codd 1991

2.1.3 Gedanke und Abgrenzung von NoSQL-Systemen

Relationale Datenbanksysteme beherrschen den Markt seit den 1970er Jahren und waren bisher quasi konkurrenzlos. Zwar gab es Vorstöße andere Technologien wie beispielsweise objektorientierte Datenbanken zu etablieren. Diese blieben jedoch weitgehend ungenutzt und wurden durch Hilfssoftware wie den Objektrelationalen Mappern (kurz: ORM) ersetzt, die Objektstrukturen in relationalen Strukturen abbilden können.[20]

Die *NoSQL*-Bewegung („Not only SQL") jedoch greift auf ebendiese Technologien zurück, die zur damaligen Zeit nicht genutzt wurden. Grund dafür sind die weltweit rasant steigenden Mengen an Daten, die gespeichert werden. So fand eine *Digital Universe*-Studie heraus, dass im Jahr 2015 8.591 Exabyte Datenvolumen weltweit generiert wurden. 2020 werden es bereits 40.026 Exabyte sein, was dem fünffachen Volumen entspricht.[21] Diese Datenmengen können von relationalen Datenbanksystemen nur schlecht verarbeitet werden, da diese durch ihr Paradigma *ACID* und den damit einhergehenden Anforderungen an die Datenkonsistenz nicht auf derart große Datenmengen ausgelegt sind. Auch die horizontale Skalierbarkeit ist bei relationalen Systemen stark eingeschränkt, da die *ACID*-Prinzipien eingehalten werden müssen. Eine Verteilung der Daten über mehrere Rechner ist dementsprechend langsam.[22]

NoSQL bezeichnet in diesem Sinne keine Technologie, sondern versteht sich mehr als situationsabhängige Erweiterung der relationalen Systeme um verschiedene Technologien. Hieraus entstand auch die Bezeichnung „not only SQL". So richtet sich der Appell an Entwickler, auch andere Datenmodelle in Betracht zu ziehen, wenn es die Situation erfordert.[23] Als *NoSQL*-System gelten sämtliche nicht-relationale Datenbanksysteme ab dem Jahr 2006, in welchem die nicht-relationalen Systeme durch Googles Einsatz der eigens entwickelten *BigTable*-Datenbank einen Aufschwung erhielten. Sie werden deshalb in Kernsysteme und nachgelagerte Systeme unterteilt, da auch die objektorientierten Datenbanken aus den 1990er Jahren nicht relational entworfen waren (Vgl. Abbildung 5: Einordnung der verschiedenen NoSQL-Technologien).

---

[20] Walker-Morgan 2010
[21] Digital Universe 2012
[22] Edlich et al. 2010
[23] Walker-Morgan 2010

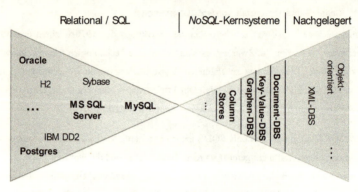

Abbildung 5: Einordnung der verschiedenen NoSQL-Technologien
Quelle: Eigene Darstellung, in Anlehnung an Edlich (2010)

Trotz der Vielfältigkeit von *NoSQL*-Architekturen wurde schon früh versucht, Prinzipien für verteilte Systeme festzulegen. So stellte Brewer bereits im Jahr 2000 das *CAP*-Theorem (*Consistency, Availability, Partition Tolerance*) vor. Dieses besagt, dass in einem verteilten Datenbanksystem höchstens zwei der drei Eigenschaften gelten können.[24] Auf Basis dieses Theorems entstand das Antonym *BASE*, das für *Basically Available, Soft State and Eventual Consistency* steht. Hiermit grenzen sich *NoSQL*-Systeme systematisch von relationalen Systemen und deren Paradigma *ACID* ab. Die Verfügbarkeit des Systems wird in den Vordergrund gestellt, während die Konsistenz der Daten untergeordnet wird.[25] Die Systeme sind zwar letztendlich konsistent, jedoch erst nach einem Zeitraum der Inkonsistenz. Hierdurch wird die Verteilbarkeit der Daten und dadurch auch die Verfügbarkeit wesentlich erhöht.[26]

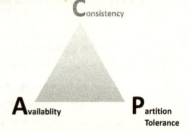

Abbildung 6: Brewers CAP-Theorem
Quelle: Eigene Darstellung

---

[24] Brewer 2000
[25] Brewer 2000
[26] Edlich et al. 2010

2.1.4 Graphenorientierte Datenbanksysteme

Graphenorientierte Datenbanken bauen auf der mathematischen Graphentheorie auf, welche die Eigenschaften von Graphen und deren Beziehungen zueinander untersucht. Graphen werden als eine Menge aus Knoten (Fachbegriff: *nodes*) und Kanten (Fachbegriff: *edges*) dargestellt, wobei eine Kante hierbei eine Menge aus genau zwei Knoten darstellt. Die Kanten können gerichtet oder ungerichtet sein, was eine beid- bzw. einseitige Beziehung beschreibt. Wenn zwei Knoten durch mehr als eine Kante verbunden werden, wird von einem Multigraphen gesprochen (Vgl. Abbildung 7: Grundlagen der Graphentheorie).[27]

Graphdatenbanken erweitern diese Theorie um ein Konstrukt, das sich *Property-Graph* nennt. Dieses ermöglicht es, sowohl an den Knoten als auch an den Kanten Attribute zu deklarieren. So können bspw. den Knoten Namen gegeben und Beziehungen zwischen Knoten an den Kanten deklariert werden.[28] Der gerichtete Graph in Abbildung 7 verdeutlicht dies anhand eines Vater-Kind-Beispiels. Der Vater hat drei Kinder, der Beziehungsstatus des Knotens ist also „hat" und gerichtet, denn der Vater hat die Kinder bekommen, nicht jedoch andersherum. Der ungerichtete Graph stellt die Entfernungen zwischen Standorten dar, die aus Sicht der beteiligten Knoten gleichbleibt, deshalb ungerichtet ist. Die Kanten haben als *Property* die Entfernung beider Knoten erhalten. Die Struktur lässt bereits erahnen, dass graphenorientierte Datenbanken auf stark vernetzte Informationen ausgelegt sind. Einsatzgebiete, in denen diese häufig vorkommen sind:

- **Bio-Informatik**, bspw. vernetzte Patienten- und Krankheitsdaten
- **Wer-kennt-wen-Funktionalität** in sozialen Netzwerken
- **Navigationssoftware**

---

[27] Volkmann 1991
[28] Edlich et al. 2010

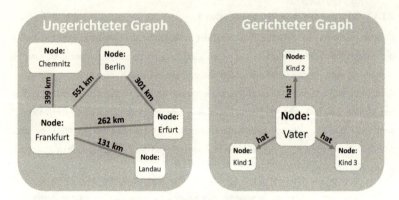

Abbildung 7: Grundlagen der Graphentheorie
Quelle: Eigene Darstellung

Graphdatenbanken spielen vor allem bei der Traversierung von Beziehungen, also einem Suchlauf nach *Propertys* und Beziehungen ihre Stärken aus. Einen erheblichen Geschwindigkeitsvorteil gegenüber relationalen Datenbanken erreichen sie durch die Graphenstruktur, da durch das bereits verknüpfte Datenmodell aufwendige *JOIN*-Operationen über mehrere Relationen hinweg überflüssig werden.[29]

2.2 Customer Relationship Management

2.2.1 Definition und Grundlagen

Das Customer Relationship Management ist laut Definition ein ganzheitlicher Ansatz zur Führung eines Unternehmens, der unternehmensweit alle Prozesse mit Kundenbezug integriert und optimiert.[30] Unternehmenskunden werden in drei Kategorien eingeteilt, potenzielle, aktuelle und ehemalige Kunden. Ziel des CRM-Ansatzes ist es, durch ein vollintegriertes und ganzheitliches sowie individuelles Konzept profitable und langwährende Kundenbeziehungen aufzubauen.[31] Dieses Ziel kann jedoch nur durch eine aktive Mitgestaltung der Kundenzufriedenheit erreicht werden, was eine unternehmensweit einheitliche Kundenbeziehungsstrategie voraussetzt.[32] Im Mittelpunkt des CRM-Ansatzes stehen damit nicht die Produkte oder Dienstleistungen des Unternehmens, sondern die Kundenbeziehungen und individuelle Angebote für diese. Die konsequente Kundenorientierung und Ausrichtung

---

[29] Jödden 2013
[30] Ihlenfeld 2000
[31] Hippner und Wilde 2007
[32] Buttle und Maklan 2015

sämtlicher Geschäftsprozesse an die Bedürfnisse des Kunden stellen somit ein Kernmerkmal des CRM dar. Zur Unterstützung dieses ganzheitlichen Ansatzes werden spezielle CRM-Systemen verwendet (Vgl. Kapitel 2.2.2 – CRM-Systeme).

2.2.2 CRM-Systeme

Teil des CRM-Ansatzes zur Umsetzung der ganzheitlichen Strategie ist die Aggregation aller Systeme, die zuvor zum Verwalten der Kundenbeziehungen genutzt wurden. Die einzelstehenden Lösungen werden durch eine individuelle und vollintegrierte CRM-Software ersetzt.[33] CRM-Systeme werden in analytische und operative Systeme eingeteilt, wobei nur das operative CRM-System die tatsächlichen Kundenbeziehungen verwaltet und Geschäftsprozesse zur Kundenkommunikation beinhaltet. Analytische CRM-Systeme sind meist nachgelagert zu den operativen Systemen und bieten die Möglichkeit, gesammelte Kundendaten zu analysieren und auszuwerten, um beispielsweise Verkaufstrends bei speziellen Kundengruppen zu erkennen und zu nutzen. Das Zusammenspiel beider Systeme im operativen Betrieb wird auch als *Closed-Loop-Marketing* bezeichnet.[34] Während operative und analytische Systeme zwar verschiedene Ansätze zur Persistenz und Transformation der Daten verfolgen, basieren doch beide auf einem relationalen Datenmodell, was bei zunehmenden Datenmengen zu Performanz- und anderen Problemen bzw. Nachteilen führen kann.

3 Graphenorientierter Ansatz für die GraPHarm AG

3.1 Definition der Firmen-spezifischen Kundenbeziehung

Die *GraPHarm AG* ist ein global agierender Pharma-Konzern, der eine ganzheitliche Produktstrategie zur Erkennung und Behandlung verschiedener Krebsarten verfolgt. Das Produktportfolio umfasst verschiedene Wirkstoffe zur Behandlung von Krebs, die entweder bereits bestehende Therapiemaßnahmen wie eine Chemotherapie ergänzen, oder diese ersetzen. Des Weiteren bietet der Konzern Diagnosegeräte an, die anhand verschiedener Tests Tumormarker im Blut nachweisen, Fehler im menschlichen Genom finden und die Art des Krebses genau spezifizieren können.

Die Kundenbeziehungen des Konzerns finden nicht direkt mit den Patienten statt, sondern mit den Einrichtungen und dem Fachpersonal, in bzw. von denen Patienten behandelt werden. Auch Krankenversicherungen und Regierungen zählen zu den Kunden in diesem spe-

---

[33] Peelen 2005
[34] Koekemoer und Bird 2004

ziellen Gebiet. Ein direkter Kontakt ist dementsprechend nicht möglich, jedoch der Austausch anonymisierter Informationen zum Verlauf der Behandlung bei Patienten. Die Kundenbeziehungen sollen künftig über ein ganzheitliches CRM-Konzept verwaltet werden, was die individuellen Therapiemöglichkeiten – vor allem die Kombinationstherapie sowie Diagnostik – über eine umfassende Analyse verschiedener Krankheitsfaktoren und Patientendaten betrachtet und auf Basis dessen Empfehlungen gibt. Ziel ist somit einerseits die Überzeugung der Kunden von hauseigenen Therapiemöglichkeiten, andererseits aber auch das Finden der bestmöglichen Therapie individuell für jeden Patienten durch Einsatz geeigneter Datenbank- sowie Diagnosetechnologien.

3.2 Graphenorientiertes Modell eines CRM-Systems

Zum Aufbau eines graphenorientierten Modells für ein CRM-System müssen in diesem speziellen Umfeld zunächst einige Herausforderungen bewältigt werden. So ist es durch die schiere Anzahl an Patienten weltweit nicht möglich, Kundenbeziehungen persönlich zu pflegen, zumal der Gesundheitszustand dies oft nicht zulässt. Andererseits können Ärzte nicht für all ihre Patienten diese Rolle übernehmen, weshalb die Informationen zu den Patienten über standardisierte Wege erfasst werden müssen. Zur Erstaufnahme wird deshalb ein auf das CRM-System abgestimmter Fragebogen entworfen, den Patienten bspw. mit Angehörigen ausfüllen können nachdem eine erste Diagnose gestellt wurde. Dieser Fragebogen kann über die behandelnde Einrichtung elektronisch an das CRM-System des Unternehmens gesendet werden, wodurch für den Patienten ein neuer Knoten mit den ausgefüllten Eigenschaften angelegt wird. Gleichzeitig wird der angelegte Knoten mit der diagnostizierten Krebsform verknüpft, es wird also ein gerichteter Graph für die Beziehung des Patienten zur Krankheit angelegt. Auf Basis dieser Beziehung können nun Behandlungsmöglichkeiten für die spezifische Krebsart gefunden werden, die wiederum eine Verbindung zu früheren Patienten haben. Auf Basis des Verhandlungsverlaufs anderer Patienten sowie einem Abgleich der patientenspezifischen Attribute wie Genomstruktur und Lebensweise kann nun die erfolgversprechendste Therapie über die Graphenverknüpfungen gefunden werden.

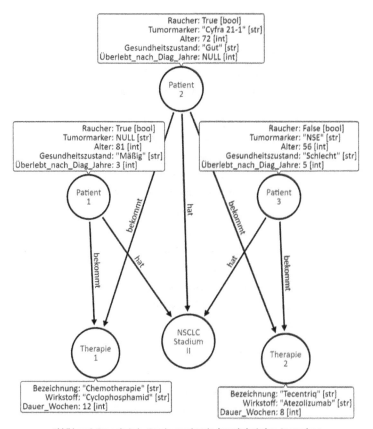

Abbildung 8: Exemplarische Graphenstruktur in der onkologischen Anwendung

Quelle: Eigene Darstellung

In Abbildung 8 ist basierend auf obiger Beschreibung ein exemplarisches Graphenmodell gezeichnet, dass die Situation mehrere Patienten mit Lungenkrebs im fortgeschrittenen Stadium II wiederspiegelt. Die drei Patienten haben verschiedene Eigenschaften zugewiesen, beispielsweise zu Lebensweise (Raucher), diagnostizierte Tumormarker, Gesundheitszustand zum Zeitpunkt der Diagnose und das Überleben nach der Diagnose in Jahren, wobei *NULL* für einen noch lebenden Patienten steht. Alle drei Patienten haben eine gerichtete Kante zu ihrer Krankheit, *Non Small Cell Lung Cancer Studium II*, so dass diese verknüpft werden. Dem gegenüber stehen die beispielhaften zwei Therapiemöglichkeiten, die bekannt sind: eine Chemotherapie sowie das Medikament Tecentriq. Während Patient 1 und 3 jeweils nur einen Wirkstoff erhalten, bekommt Patient 2 beide Therapiemöglichkeiten und ist nach wie vor am Leben.

Dieses überspitzte Beispiel gibt einen Einblick in die Funktionsweise eines graphenorientierten CRM-Systems, mithilfe dessen sich eine Vielzahl von Patienten- und Krankheitsdaten verknüpfen und deren Beziehung später leicht auslesen lassen. Somit kann auf Basis von gesammelten Informationen immer die bestmögliche Therapie angeboten werden, wodurch Ärzte bei der Wahl der Behandlung massiv unterstützt werden können.

4 Fazit

Im Rahmen der vorliegenden Ausarbeitung wurde zunächst die aktuelle Situation des Customer Relationship Managements allgemein, sowie spezifisch in der onkologischen Pharmazie dargestellt. Es wurden die speziellen Probleme der Branche in Bezug auf deren Kundenbeziehungen erläutert sowie eine Vorgehensweise zur Entwicklung eines graphenorientierten CRM-Modells für Pharma-Unternehmen speziell in der Onkologie präsentiert. Nach Erläutern der Grundlagen, die zum Verständnis von graphenorientierten Datenbanksystemen sowie von CRM-Systemen notwendig sind, wurde in Kapitel 3 ein graphenorientiertes Modell zur Analyse und Aufbereitung von Patienten- sowie Krankheitsdaten vorgestellt und anhand eines konkreten Beispiel spezifiziert.

Während im aufgeführten Beispiel durch spezielle Konstrukte auch eine relationale Datenbank ausreichend wäre, wird bei realistischen Anwendungszwecken die alleinige Datenmenge der Patienteninformationen schnell die Grenzen eines relationalen Systems überschreiten. Hier können graphenorientierte Systeme ihre ganze Stärke ausspielen, da verknüpfte Daten wie in diesem Fall sehr schnell ausgelesen werden können. Ein weiterer Vorteil ist die mögliche Verteilung einer Graphendatenbank auf mehrere Systeme, da die relationalen Konsistenzanforderungen nicht eingehalten werden müssen. Abschließend lässt sich sagen, dass ein Ansatz zur Lösung des Problems bestmöglicher Krebstherapien in Verbindung mit Graphenmodellen vielversprechend ist, die Technologie selbst jedoch noch in den Anfängen ihrer Entwicklung steht.

Literaturverzeichnis

Brewer, Eric A. (2000): Towards Robust Distributed Systems. Principles of Distributed Computing. Association for Computing Machinery. Association for Computing Machinery, 19.07.2000.

Buttle, Francis; Maklan, Stan (2015): Customer relationship management. Concepts and technologies. 3. ed. London: Routledge.

Codd, E. F. (1970): A relational model of data for large shared data banks. In: *Commun. ACM* 13 (6), S. 377–387. DOI: 10.1145/362384.362685.

Codd, Edgar F. (1991): The relational model for database management. Version 2. Reprinted with corr. Reading, Mass.: Addison-Wesley.

DB-Engines.com (Hg.) (2017): DBMS Popularität pro Datenbankmodell. Online verfügbar unter http://db-engines.com/de/ranking_categories.

Digital Universe (Hg.) (2012): Datenvolumen der weltweit generierten Daten bis 2020. Online verfügbar unter http://de.statista.com/statistik/daten/studie/267974/umfrage/prognose-zum-weltweit-generierten-datenvolumen/, zuletzt geprüft am 03.05.2017.

Edlich, Stefan; Friedland, Achim; Hampel, Jens; Brauer, Benjamin (2010): NoSQL. Einstieg in die Welt nichtrelationaler Web 2.0 Datenbanken. München: Hanser. Online verfügbar unter http://sub-hh.ciando.com/book/?bok_id=47525.

Eifrem, Emil (2015): Using Graph Technology to Fight Cancer. Hg. v. Neo Technology.

Faeskorn-Woyke, Heide (2012): Datenbanken Online Lexikon. MongoDB. Hg. v. FH Köln. Köln. Online verfügbar unter http://wikis.gm.fh-koeln.de/wiki_db/Datenbanken/MongoDB, zuletzt aktualisiert am 22.10.2012, zuletzt geprüft am 04.05.2017.

Gabriel, Roland; Röhrs, Heinz-Peter (1995): Datenbanksysteme. Konzeptionelle Datenmodellierung und Datenbankarchitekturen. Zweite, verbesserte Auflage. Berlin, Heidelberg: Springer (Springer-Lehrbuch). Online verfügbar unter http://dx.doi.org/10.1007/978-3-642-57747-5.

Haerder, Theo; Reuter, Andreas (1983): Principles of transaction-oriented database recovery. In: *ACM Comput. Surv.* 15 (4), S. 287–317. DOI: 10.1145/289.291.

Härder, Theo; Rahm, Erhard (1999): Datenbanksysteme. Konzepte und Techniken der Implementierung. Berlin, Heidelberg: Springer. Online verfügbar unter http://dx.doi.org/10.1007/978-3-642-98016-9.

Hippner, Hajo; Wilde, Klaus D. (Hg.) (2007): Grundlagen des CRM. Konzepte und Gestaltung. 2., überarb. und erw. Aufl., Nachdr. Juli 2007. Wiesbaden: Gabler. Online verfügbar unter http://deposit.ddb.de/cgi-bin/dokserv?id=2670823&prov=M&dok_var=1&dok_ext=htm.

Ihlenfeld, Jens (2000): DDV-Forum definiert Customer Relationship Management.

IEC 9075-11, 15.12.2011: Information and Definition Schemas (SQL/Schemata).

IT Knowledge Exchange (o.J.): Marktanteile der Anbieter am Umsatz mit RDBMS weltweit. Hg. v. Gartner. Online verfügbar unter http://de.statista.com/statistik/daten/studie/262555/umfrage/marktanteile-der-anbieter-am-umsatz-mit-datenbanksystemsoftware/.

Jödden, Tim (2013): Einsatz von Graphdatenbanken zur Repräsentation kultureller Metadaten. Bachelorarbeit. Universität Osnabrück, Berlin.

Kelz, Andreas (1996): Relationale Datenbanken. Relationale Algebra. Unter Mitarbeit von Wolf-Fritz Riekert. Hg. v. HdM Stuttgart. Online verfügbar unter https://www.hdm-stuttgart.de/~riekert/lehre/db-kelz/chap7.htm#Chap7.2, zuletzt aktualisiert am 12.07.2012, zuletzt geprüft am 08.07.2015.

Koekemoer, Ludi; Bird, Steve (2004): Marketing communications. Lansdowne, South Africa: Juta Academic.

Notley, M. G. (1972): The Peterlee IS/1 System. Peterlee, County Durham: IBM United Kingdom Scientific Centre (UKSC, 18).

Peelen, Ed (2005): Customer relationship management. Harlow: Financial Times Prentice Hall.

Volkmann, Lutz (1991): Graphen und Digraphen. Eine Einführung in die Graphentheorie. Vienna: Springer Vienna. Online verfügbar unter http://dx.doi.org/10.1007/978-3-7091-9144-6.

Walker-Morgan, Dj (2010): NoSQL im Überblick. Hg. v. Heise Medien. Heise Medien. Online verfügbar unter http://www.heise.de/open/artikel/NoSQL-im-Ueberblick-1012483.html, zuletzt aktualisiert am 01.06.2010, zuletzt geprüft am 04.05.2017.

Whang, Kyu Young; Wiederhold, Gio; Sagalowicz, Daniel (1982): Physical Design of Network Model Databases Using the Property of Seperability. Hg. v. Stanford University. Mexico City. Online verfügbar unter http://dblab.kaist.ac.kr/Publication/pdf/VLDB82_p98.pdf, zuletzt geprüft am 03.04.2017.

Witte, Jörg (2007): Datenbanksysteme. Fachhochschule Göttingen. FH Göttingen, 2007. Online verfügbar unter http://www2.pmf.fh-goettingen.de/~jwitte/lehre/Medieninformatik/Datenbanken/Vorlesungskripte/Datenbanksystem.pdf, zuletzt geprüft am 02.05.2017.

BEI GRIN MACHT SICH IHR WISSEN BEZAHLT

- Wir veröffentlichen Ihre Hausarbeit,
  Bachelor- und Masterarbeit

- Ihr eigenes eBook und Buch -
  weltweit in allen wichtigen Shops

- Verdienen Sie an jedem Verkauf

Jetzt bei www.GRIN.com hochladen und kostenlos publizieren